Die derbsten Fallstricke der Welt
sind aus Unterröcken gewunden...

Hendrik Krause

Königin der Herzen

Lyrik

Texte und Illustrationen: Hendrik Krause

Ganz lieben Dank an meine wunderbare Freundin Juli für den freundlichen Klappentext!

Hinweis:
Ich habe bewußt auf ein Inhaltsverzeichnis verzichtet, da ich vermeiden möchte, den Versen eine Chronologie zu geben. Wenn man von Geburt und Tod absieht, erscheint mir nichts im Leben geradlinig oder einer Reihenfolge unterworfen.

Hendrik Krause

Herstellung und Verlag:
BoD – Books on Demand, Norderstedt
ISBN 978-3-7322-3627-5

Die Königin der Herzen

In ihrem Blick will ich ertrinken,
wie Seide glänzt ihr dunkles Haar,
will voll und ganz in ihr versinken,
ihr Duft allein ist wunderbar.

Ich will ihr Lächeln jeden Morgen,
ich fühle mich so gut dabei -
mit ihr verschwinden alle Sorgen
und ich bin endlos stark und frei.

Ich mag ihr Wesen, stolz doch sanft,
so voll von ungeheurer Kraft,
wenn sie so völlig unverkrampft
in mir ganz neue Welten schafft.

Von ihren Lippen will ich kosten
das einzig wahre Salz der Welt.
Trotz aller offenen Lebens-Posten
sind wir seit Jahren schon vermählt.

Für sie entzünd' ich alle Kerzen,
doch nichts strahlt heller als ihr Licht.
Sie ist die Königin der Herzen,
durch sie fühl' ich mich königlich!

Das Licht

Ich trag die Sonne tief im Herzen
und mein Herz in meiner Hand.
Wie das Licht von tausend Kerzen
strahlt mein Glück ins ganze Land.

Geh ich nun neue, weite Wege
und geh ich sie für mich und Dich,
streck Hand und Herz ich Dir entgegen,
denn ich weiß, ich liebe Dich.

Ich werd nicht zögern und nicht wanken,
nein, diese Angst, die kenn ich nicht.
Und treff ich auf des Lebens Schranken,
trag ich im Herzen tief Dein Licht.

„Definition des Glücks", Linolschnitt, ca. DIN A6

Auf den Stufen

Von den Häusern tropft die Sonne
bis zu jenen Steinen hin,
worauf ich hier in meiner Wonne
förmlich festgewachsen bin.

Gerade wie in alten Streifen
vom French Quarter ist es hier,
ziellos die Gedanken schweifen,
hier beim kühlen Abendbier.

Aus den Fenstern tönt Musik,
laut und scheinbar endlos weit.
Jedes hat sein eig'nes Lied
hier zu dieser Abendzeit.

Mädchen gehn in kurzen Kleidern,
wohl zu zeigen, wer sie sind.
Alle Gaffer, alle Neider
schauen wie magnetisch hin.

Langsam dreht die Zeit sich hier,
nicht nach Hektik steht der Sinn.
Und beim kühlen Abendbier
bin ich gerne mittendrin.

Dein Lächeln

Dein Lächeln ist mir größte Freude,
Du zauberst Licht in meine Welt.
Drum bitt' ich Dich ums Lächeln heute,
weil mir die lichte Welt gefällt.

Lächele, meine schöne Sonne,
zeig der Welt Dein helles Licht.
Jeder Tag ist voller Wonne -
nur: beim Weinen merkst Du's nicht.

Pack die Tränen nun zur Seite,
laß das Tropfen ruhig dem Tau.
In Deinem Antlitz sei nur Freude -
denn schließlich bist Du meine Frau.

An die Nornen

Nun lebe ich so manches Jahr
und werd' der Gegenwart gewahr,
die ich, wie ich schon immer dachte,
mit Fug und Recht recht gut verachte.

Doch siehe da, was ist gescheh'n,
ich kann da neue Dinge seh'n,
so neu und alt, daß ich fast glaub',
ich sei der Nornen böser Raub.

Die, die den Schicksalsfaden spinnt,
die sorgt, daß Hab' und Glück verrinnt,
hat scheinbar nun, wo ich verblasse,
die große Masche fallen lassen.

Wo alles hell, wird alles neu,
vorbei das trübe Einerlei,
daher, wo Neues wird geschafft,
bezieh' auch ich die große Kraft.

Ich spann' die Pferde, lenk' den Wagen,
fast traue ich mich nicht, zu sagen:
vor des Lebens hartem Henker
werde ich zum Wagenlenker.

Halt mir die schönste aller Bräute,
und unter fröhlichem Geläute
fahr ich mit ihr – Seit' an Seit' -
voll Wonne in die neue Zeit.

Ihr Nornen, schenkt mir Eure Gunst,
es ist fürwahr die große Kunst,
wohl für das Leben nur zu voten,
hat Euer Faden lauter Knoten!

Verschont des alten Glaubens Sohn
zur Abwechslung mit Eurem Hohn
laßt mir dies holden Weibes Glück
an Zeit auch nur ein kleines Stück!

Dem hübschen Mädchen

Schau die Welt mit klaren Augen,
schau die Welt mit klarem Blick.
Zweifel, die zu nichts wohl taugen,
weise klar und stolz zurück.

Blicke klar auf das, was ist,
trau der Seele tief in Dir -
nicht jeder, der Dich glücklich küßt,
ist ein wahrer Kavalier.

Achte auf die leisen Töne,
acht' auf das, was man nicht hört,
denn am Leben ist das Schöne,
was leis' und weis' und ruhig betört.

Wolfsbraut

Sie hat die Augen einer Wölfin,
tief und hell und wasserklar.
Sie blickt so weit in mich hinein -
ist das nicht wunderbar?

Ganz nah geht mir ihr Blick ans Herz,
so daß ich fast vergehe.
Bin voller Lieb' und voller Schmerz,
jetzt, wo ich sie nicht sehe.

Doch weiß ich auch, daß sehr sehr bald
ihr Flammenhaar deckt mir die Brust -
dann sind die Nächte nicht mehr kalt
und nur noch voller Lust.

Dann singe ich sie wieder,
die Ode an das Weib,
hör' all die alten Lieder
zum schönsten Zeitvertreib.

Aufbruch

Worte blut' ich auf Papier.
Ach, mein Herz, wie fehlst Du mir!
Meines Lebens ganzes Sein
paßt in eine Tasche rein.

Ja, ich weiß, ich muß nur handeln
um dieses Schicksal zu verwandeln.
Alles werd' ich dafür geben,
werde kämpfen, werde streben.

Bin nicht mehr das kleine Rad
am Wagen, den ein andrer hat,
werd' meinen eignen Wagen lenken,
um Dir, mein Herz, mich selbst zu schenken.

„Abschied", Linolschnitt, ca. DIN A6

Diamant

Ich kenne eine Kleine,
fast wie ein Diamant.
Was ich vom Leben meine,
hat sie schon längst erkannt.

Hat tausende Facetten,
mein wunderschöner Stein,
und strahlt an ihren Ketten
wie eitel Sonnenschein.

Ach, dürft' ich sie besitzen!
Doch schau ich nur von fern,
würd' sie so gern beschützen,
sie leuchtet wie ein Stern.

Ich darf nicht nach ihr greifen,
und hab sie doch so lieb,
sie ziert den falschen Reifen
und ich bin doch kein Dieb.

Wenn sie einst hätte Lust,
zu schmücken mein Collier,
ich lief' mit stolzgeschwellter Brust
grad wie ein Chevalier.

Der Schmetterling

Ich traf sie einst in diesem billigen Schuppen,
ein Engel unter siechem Gesocks.
In meinen Armen sah ich sie sich entpuppen –
Schmetterling On The Rocks.

Das große Gefühl hat das Eis gebrochen.
Seine Wasser rasten als Sturmflut ins Tal.
Durch dick und dünn sind wir gemeinsam gekrochen –
was übrig bleibt, ist ein brennendes Mal.

Der Schmetterling wurde schillernder, bunter,
lernte zu leben, zu streben im Flug.
Das, was ich war, schien vom Wert weit darunter
und offenbar für ihn nicht genug.

Ich bin keine Blume, mein bunter Falter.
Den Unterschied erklärt Dir meine Qual.
Nicht peinigt mich mein bißchen Alter,
nein, das Eis in unserem Tal.

Der schönen Frau des Trinkers

Öffne Deine Schmuckschatulle
und leg' Dein schönstes Lächeln an.
Küß' ihn weg von seiner Pulle
und zeig' der Welt, er ist Dein Mann.

Laß' ihn neue Hoffnung schöpfen,
zeig' ihm, daß er Dir von Wert –
vor so vielen Tuschelköpfen
ist das sicher nicht verkehrt.

Gib ihm wieder seine Würde,
das, was er so sehr vermißt.
Du wirst seh'n, daß diese Hürde
leicht zu überwinden ist.

Zeige ihm und aller Welt,
daß er Dir wahrhaft wichtig ist.
Dann schau auf das, was er bestellt –
und wie innig er Dich küßt...

Die Hexe

Ich kenne eine Hexe,
die paßt wohl in die Welt,
die achtet nicht auf Texte,
die tut, was ihr gefällt.

Sie hat so einen Zauber,
sie spinnt mit feinem Zwirn,
hält ihre Seele sauber
und spricht aus reinem Hirn.

Mit ihrem prallen Leben
hat sie mich längst umgarnt,
wen sollte es wohl geben,
der mich noch vor ihr warnt?

Sie schenkt mir keine Schwüre,
die sie dann doch nicht hält,
sie öffnet nur die Türe
zu ihrer Zauberwelt.

Hier darf ich Troll erkunden,
was ich so lang gesucht.
Hier lieb' ich meine Stunden
und bin recht gern verflucht.

Die Elfe

Ich kenne eine Elfe,
die hab ich richtig gern.
So wahr mir Freia helfe -
sie ist mein Morgenstern.

Sie ist so sanft und warm
und mir im Herzen gleich,
kenn' Kummer nicht und Harm,
sie macht mich endlos reich.

Sie scheint mir wie ein Wesen
aus Licht und Elfenhauch.
Sie ist es stets gewesen
und ist heut' noch, was ich brauch.

Die Seeleninsel

Randvoll mit dieser ruhigen Wonne
sitze ich beim Milchkaffee
hier in praller Sommersonne,
bade tief im Weltensee.

Alles scheint mir so verknüpft
wie mit unsichtbarem Strick,
daß das Herz im Leib mir hüpft
so vor lauter Weltenglück.

Woher hab' ich diese Ruhe,
dieses Gleichgewicht in mir?
Tief in meines Herzens Truhe
male ich mein Bild von Dir.

Das Leben schenkt mir meine Farben,
Dein Lächeln führt den Pinsel.
Ich werd' gewiß nicht darben
auf meiner Seeleninsel.

Hier darf ich sein, hier hab' ich Mut,
so, wie es mir gefällt.
Die Insel ist mein höchstes Gut,
Dein Lächeln meine Welt.

Ein perfekter Augenblick

Ein Frühlingstag, ich sitz' befreit
im Park, bin für die Welt bereit
und jede Blume hier im Rund
erinnert mich an Deinen Mund.

Ich atme tief, ich atme Leben.
Mir scheint, man will mir endlos geben
vom Kelch, nach dem ein jeder strebt,
den man so selten nur erlebt.

Ich schließ die Augen, laß mich sinken.
Ich glaub', ich kann die Sonne trinken
und eingehüllt vom Frühlingsrahmen
sing' ich leise Deinen Namen.

Wie mich doch dieser Tag entzückt!
Ganz tief, bin weit der Welt entrückt.
Wärst Du jetzt hier, ganz nah bei mir,
wär's ein perfekter Augenblick!

Etwas

Etwas will ich Dir schenken
an diesem schönen Tag.
Etwas zum Immer-daran-Denken,
daß ich Dich so sehr mag.

Etwas, Dich zu binden
ganz ohne jeden Zwang.
Etwas, uns zu ergründen
ein ganzes Leben lang.

Etwas, Dir zu zeigen,
die Welt ist voller Licht.
Etwas aus dem Reigen,
den kein Ärger je durchbricht.

Etwas, wie für Dich gemacht,
aus Sternsplittern und Himmelsblau.
Etwas, was Dich lächeln macht,
denn Du bist meine Frau.

Frühling

Frühling ist nun in den Gassen,
Frühling ist die neue Zeit.
Und ich kann fürwahr nicht lassen
meine Hand von ihrem Leib.

Wie ich dieses Weib verehre,
sie ist die Süßeste ringsum.
Wenn ich mit ihr die Stadt beehre,
dreht sich alles nach uns um.

Schön wie eine Blume ist sie,
sie leuchtet hell im ganzen Rund.
Heiß wie glühend Lava küßt sie,
ich komm nicht los von ihrem Mund.

Oh, ihr allerhöchsten Götter,
versichert mir nur dieses Weib!
Denn für mich, den alten Spötter,
ist sie der schönste Zeitvertreib!

„Am Fenster", Linolschnitt, ca. DIN A6

Feentraum

Noch immer weiß ich, wie das ist,
wenn Du mich sanft und innig küßt,
daß mir das Blut verkocht im Leib
so vor lauter Seligkeit.

Noch immer rieche ich Dein Haar,
ein Duft, vollendet, wunderbar,
das schönste Lächeln stets im Saal,
heller als ein Sonnenstrahl.

Noch immer klopft es tief in mir,
hör' ich auch nur ein Wort von Dir,
ich könnt' vor Sehnsucht glatt vergehn -
und nun werd' ich Dich wiedersehn.

Wie wird das sein, ich kann's kaum fassen,
glaub', ich kann niemals von Dir lassen -
einmal noch Deine Augen sehn
und dann am liebsten nie mehr gehn...

Gottesdienst

Berge seh ich explodieren,
heiß wie Lava kocht die See,
und ich geh auf allen Vieren,
bin mehr gezogen als ich geh.

Deine Säulen sind mein Tempel,
in Deinen Augen spiegeln Seen,
auf meinem Herzen prangt Dein Stempel,
will diesen Weg für immer geh'n.

Jahrhunderte werden zu Sekunden,
alle Zeit scheint stillzusteh'n,
das Reale weit entschwunden,
ich kann in Dir die Welt versteh'n.

Gab es wohl je ein göttlich' Wesen,
das alle Welt in Glut entzückt,
bist Du es sicherlich gewesen -
für mich bist Du's im Augenblick!

Ich brauche keine Priesterschaft,
brauch nur den Gottesdienst mit Dir.
Du gibst mir endlos neue Kraft,
Du ruhst ganz tief in mir.

Elfenzauber

Ich seh' tief in die Augen Dir
und sofort glüht mein Blut -
ich weiß, Du kannst ja nichts dafür -
mit Dir ist alles gut.

Ich seh' das Leuchten, diesen Schein,
der Dich für mich umgibt.
Ich möchte endlos mit Dir sein,
ich hab' Dich endlos lieb.

Feen

Stetig seh' ich rotes Haar,
Lächeln einfach wunderbar,
tiefe Augen, lindengrün,
hier an mir vorüberzieh'n.

Blasse Haut und Sommersprossen
hab' ich immer schon genossen.
Diese zarten sanften Feen
find' ich einfach wunderschön.

Ruhig, voll Sanftmut stets sie waren,
plötzlich wild in meinen Armen -
immer wieder fällt mein Blick
auf meines Lebens großes Glück.

Atmen möcht' ich tief ihr Wesen,
bin von der Einen ich genesen,
treibt mich der Nornen langer Strick
auch schon zur nächsten, wie zurück.

Dieser Kreis, den ich erbitte,
ist fast wie meines Lebens Mitte
und triffst Du Feen, dann grüß' sie mir -
sie sind mein Lebenselixier.

Frühlingssonntag

Ich schließe meine Augen
und öffne weit mein Herz,
den Frühling einzusaugen
zieht es mich fensterwärts.

Nur jetzt verbrämt die Sonne
die Giebel rings knallrot.
Brauch' diese Morgenwonne
fast wie das täglich' Brot.

Brahms tönt aus dem Zimmer,
und stimmt den Tag mir froh,
nicht modisches Gewimmer
wie sonst im Radio.

Ich könnt' die Welt umarmen,
so voll ist mir das Herz,
trink' Kaffee (und zwar warmen!)
und reiß' den ersten Scherz.

Sowas geht nur am Sonntag,
ist viel zu schnell verterzt.
Ein schöner ruhiger Schontag
im herrlich milden März...

Frühlingstriebe

Frühling ist nun in den Gassen,
Sommer! schreit das Herz in mir,
abermals kann ich kaum fassen,
Deine Augen ruh'n auf mir.

Sorgsam prüfe Deine Liebe.
Ist's vielleicht nur Liebelei?
Denn sind es nur die Frühlingstriebe,
ist's im Sommer schon vorbei.

Ist es jedoch tief und echt
und brennt es loheheiß in Dir,
dann ist mir jedes Mittel recht,
ich reich die Hand zum Reigen Dir.

Gehe langsam diese Schritte,
ich bin ein ausgewachs'ner Baum.
Ich ruhe tief in meiner Mitte -
man fällt mich nicht für einen Traum.

Für Anja

Schon früh bevor der Morgen graut,
packt mich die Sucht nach Deiner Haut
und alle Himmel sind so voll
von Geigen, einfach wundervoll.

Dein Blick läßt meine Seele fließen,
komm Schatz, laß uns den Tag begrüßen
als wär's der letzte aller Zeit.
Ich bin zum großen Sprung bereit.

Mit Dir ist alle Arbeit leicht,
jede Sorge aufgeweicht,
wir schwimmen tief, so tief wie nie,
in unserem Fluß aus Harmonie.

Mir ist, als wär' die ganze Welt
für uns als frisches Feld bestellt
und aus jeder kleinen Krume
sprießt eine wunderschöne Blume.

Die Vögel sammeln sich zum Chor
und singen uns von Liebe vor,
so hell und klar, so schön und rein,
so sollen alle Tage sein!

Sei mir mein Herz, mein Schatz, mein Spatz,
Du bist mein allergrößter Schatz,
sei Königin und Göttin mir -
Du bist mein Lebenselixier...

Hallo, schöne Frau

Lächelnd möchte ich Dich sehen
jeden Morgen, Tag um Tag,
will alle Wege mit Dir gehen,
weil ich Dich so mag.

Rotes Haar wird Dich umwallen,
so, wie es mir so gefällt,
grüne Augen sehen alles,
was passiert in dieser Welt.

Du hast ein Herz, die Zeit zu schauen -
ganz tief ins Herz schaust Du mir stets.
Ich werde endlos Dir vertrauen,
egal, wie es Dir jemals geht.

Mein Leben werde ich Dir schenken,
wenn Du es haben willst, sofort.
Wenn Du mir immer läßt mein Denken,
folg' ich Dir an jeden Ort.

Schenk' mir einfach Deine Liebe,
laß mich seh'n, daß ich Dir Wert
und die ganzen Herzensdiebe
vertreib' ich gänzlich unbeschwert.

Heute

Heute sehe ich sie wieder,
heute strahlt die Sonne hell.
Aus meinem Herzen quellen Lieder,
alle Zeit verrinnt ganz schnell.

Heute leuchten alle Blüten,
heut' fühlt niemand sich gekränkt,
heut' will ich die Sonne mieten,
denn sie hat mir ihr Herz geschenkt.

Heut' hängt der Himmel voller Geigen,
heut' scheint die Welt mir wie gemalt,
heut' steh' ich mitten in dem Reigen,
weil sie mir aus dem Herzen strahlt.

„Mädchenakt", Linolschnitt, ca. DIN A6

Frühlingszeit

Hast Du die Sonne heut geschaut?
Spürst Du die Wärme auf der Haut?
Siehst Du ringsum das frische Grün,
die Vögel wieder nordwärts zieh'n?

Ganz langsam dreht sich heut die Welt,
der Hektik ist der Tag vergällt.
Selbst die, die rasch vorüberhecheln,
scheinen wonnevoll zu lächeln.

Hunde liegen in der Sonne,
kein Gekläff, nur schiere Wonne
macht sich um's Café hier breit -
sieh an, das macht die Frühlingszeit.

Ich trink' Kaffee in kleinen Schlucken,
vertreibe mir die Zeit mit Gucken,
genieß' die Welt so, wie sie ist,
und hoff', daß Du bald bei mir bist.

Für meine kleine Fee

Die Liebe ist ein irres Ding,
ich kann es kaum erfassen.
Mal tröpfelt sie nur so dahin,
mal kommt's aus vollen Tassen.

Die Trockenzeit ist nun vorbei,
nun muß ich nicht mehr warten.
Statt Tropfen kam ein Strom herbei
und leuchtend blüht mein Garten.

Der, der einst saß in purem Staub
und wildem Herzensweh,
träumt heut ganz tief im grünen Laub
und hält die Hand der Märchenfee.

Ein Kuß, ein Blick, ein Lächeln nur
aus ihren schönen braunen Augen
erinnert mich ganz schlicht und pur
daran, daß Zweifel zu nichts taugen.

Jing und Jang

Zwei Seiten hat ein jedes Ding,
zum Ernst gehört die Freude.
So gehts, wie es schon immer ging,
wie gestern so auch heute.

Auf Regen folgt der Sonnenschein,
auf Trockenheit das Naß.
So soll das auch bei uns nun sein,
dann macht das Leben Spaß.

Sei mir das Jing zu meinem Jang,
zum Harten mir das Weiche.
Dann macht das Chaos mich nicht bang,
denn dann stellst Du die Weiche.

Ich traf ein junges Mädchen

Ich traf ein junges Mädchen
mit Augen wasserklar
in meinem alten Städtchen -
ich find sie wunderbar.

Ihr Haar ist hell wie Weizen,
ihr Duft dem Sommer gleich,
ihr Lächeln derart reizend -
macht mir die Knie weich.

Könnte ich sie berühren
im Herz mit meinem Wort,
ich würd' zur Königin sie küren
und ging nie wieder fort.

Wie denkt wohl diese Holde,
die mir im Herz so nah?
An Tristan und Isolde
oder Romeo und Julia...?

Für Julia

Ich traf sie erstmals in der Bar.
Ein Lächeln, völlig wunderbar,
traf mich ins Auge, dann ins Herz -
glaub mir, das ist kein Scherz.

Ihr Haar ist schwarz wie Ebenholz,
ihr Blick so schön, so voller Stolz,
daß mir beim Schauen der Atem stockt
als hätt' ich was verbockt.

Sie ist so schön, ist nicht die Meine,
sie ist die wundervolle Kleine,
der ich auf ewig Freundschaft schwör'
als einziges Gehör.

Ich wünsch dem Mädchen Glück und Gunst,
Was hat sie schon von meiner Kunst,
kann wohl mit Worten nur betören -
und will gewiß nicht stören...

Hey, mein Herz

Bin so manches Stück gegangen,
nicht immer war's der gerade Weg,
hab manche Träume aufgehangen
an Rosengarten's Scheideweg.

Müde bin ich längst vom Wandern,
doch nicht trübe ist mein Blick.
Von der Einen zu der Anderen
kam ich Dir näher Stück um Stück.

Nun hab ich das Glück gefunden,
bin der reichste Mann der Welt.
Dein Blick, ein Kuß und uns're Stunden
sind das Einzige, was zählt.

Bleib mit mir im Rosengarten,
fest halt ich Dich in meinem Arm.
Kann die Zukunft kaum erwarten,
voll von Sonne, hell und warm.

Laß uns den Weg gemeinsam schreiten,
sei mir meine Königin.
Nie will ich hadern oder streiten,
magisch zieht's mich zu Dir hin.

Hohe Zeit

Mit breiter Brust und freiem Sinn,
im feinen Zwirn und Schlips und Kragen,
tret' ich vor meine Königin,
ihr meine Minne anzutragen.

"Seht her! Hier legt ein freier Sproß
der Sippe aus dem alten Blut
seinen Hammer in den Schoß
der Maid, die ihm so gut!

In Sturm und Wetter
sei ich ihr Schild,
ihr Held und Retter -
und mein Wort gilt!"

Komm

Nichts war wie gemeint,
nichts war wie es scheint,
alles nie gelogen,
stets zurechtgebogen.

Krummer Rücken
vom Bücken,
verletztes Herz
vom vielen Terz.

Nun will ich Sonne,
will volle Wonne,
so lang, wie ich warte,
spiel ich die Karte.

Schluß mit dem Spiel,
was ich will, ist viel -
und im Fall des Falles
will ich einfach alles.

Ich will gar und ganz
mit Dir diesen Tanz
im Mondenschein
ins Glück hinein.

Nur ein kleiner Schritt,
dann nehm' ich Dich mit
auf eine Reise
der schönsten Weise...

In Deinem Lachen

Mandelblüten, kitschig schön,
will ich staunend mit Dir sehen,
spazierengehen Hand in Hand,
bis heimlich raunt das ganze Land.

Barfuß durch den Regen rennen,
sonntags ewig mit Dir pennen,
Frühstück auf Balkonien
zwischen albernen Begonien.

Endloses Schwatzen
wie im Sommer die Spatzen,
vertrautes Schweigen
im zweisamen Reigen.

All das will ich machen,
all das will ich tun,
will in Deinem Lachen
endlos ruh'n...

„Manuela", Linolschnitt, ca. DIN A6

Abermals

Abermals ist nun zerronnen,
was so hoffnungsvoll begonnen
und zum Träumen mich gebracht,
still und leise, über Nacht.

Abermals steh' ich nun hier,
einsam wie das Nachtgetier,
leeren Herzens, hohl im Geist
kaum noch weiß ich, wie ich heiß'.

Feen, Elfen, Königinnen
glitten wie ein Hauch von hinnen,
was bleibt, bin nur ich armer Tor,
der viel zu oft schon Liebe schwor.

Wo ist die Muse, die mich küßt,
die freundlich, warm und herzlich ist,
die auf Vertrauen und Verstand
mehr setzt als auf Schmuck und Tand?

Ich bin nicht reich, bin's nur im Herz,
leg' keinen Wert auf Streit und Terz,
brauch nur Dein Lächeln, Deine Hand,
dann bau' ich uns ein eig'nes Land...

Einst ging ich fort

Einst ging ich fort
aus falsch-richtiger Entscheidung,
vom schönsten Ort
von wundervoller Begleitung.

Ging ferne Pfade,
mal richtig, mal irr,
fand ferne Gestade,
in mir alles wirr.

Traf Feen und Elfen,
so zart und ganz fein,
sie konnten nicht helfen
in meiner Pein.

Sie wollten die Liebe,
wollten alles von mir.
Ich hatte nur Triebe,
denn ich war bei Dir.

Sei wieder mein
in Sonne und Regen -
man soll mein Gebein
einst zu Deinem legen.

Feierabend

Wenn der Tag geht
und alles Grelle und Laute weicht,
wenn die Schatten zur Gegenwart werden
und der Mond uns sein silbernes Licht schickt,
wenn das Geschrei der Kinder im Schlaf verebbt
und das Tagwerk vollendet ist,
wenn Du nur noch Du bist,
dann darf ich ich sein –
und wir verschmelzen mit der Dunkelheit.

Heimweg

Ich spüre Deine schmale Hand
in meiner, weich und warm,
geh' mit Dir durch das Winterland
und halt' Dich fest im Arm.

Wir reden über dies und das,
den ganzen Abend lang.
Wir lachen über jeden Spaß
und nichts mehr macht uns Bang'.

Die Zeit ist geradezu verflogen,
wo ist sie so schnell hin?
Sind um die Häuser nur gezogen -
nun zieht's mich zu Dir hin.

Ich kenne Dich seit Jahren,
es traf mich wie ein Schuß -
der Duft von Deinen Haaren,
Dein kleiner Abschiedskuß.

Das will ich alle Tage -
mehr wert als jedes Geld -
Du bräuchtest es nur sagen,
dann schenk' ich Dir die Welt.

Nur ein Schritt

Ich kenne eine Blüte,
die strahlt wie pures Gold,
die ist so voller Güte
und mir von Herzen hold.

Ich kenne einen Stein,
der schillert farbenfroh,
soll ungeschliffen sein,
mein Diamant bleibt roh.

Ich kenn zwei braune Sterne
so sanft, wie die vom Reh,
die hab ich endlos gerne -
es sind die meiner Fee.

Mit Deinem feinen Lachen
reißt Du mich endlos mit.
Komm, laß ihn uns jetzt machen,
den letzten großen Schritt.

Mein Instrument

Ich hab ein Instrument,
das spielt den wundervollsten Ton.

Es ist nicht laut, es spielt ganz leise
auf eine wundervolle Weise,
befreit mich von des Tages Fron –
Ich hab ein Instrument,
das spielt den wundervollsten Ton.

Keiner kann's hören, es spielt nur für mich.
Den anderen gönne ich es nicht.
Bewerft mich nur mit Eurem Hohn –
Ich hab ein Instrument,
das spielt den wundervollsten Ton.

Schlag ich nur eine Saite an,
fängt es sofort zu singen an,
so daß mein Herz zerschmilzt vor Wonn' –
Ich hab ein Instrument,
das spielt den wundervollsten Ton.

Hat einen Hals, mein Instrument,
so zart und schlank, wie's keiner kennt,
Berührung schon ist Glückshormon –
Ich hab ein Instrument,
das spielt den wundervollsten Ton.

Du denkst, jetzt übertreibe ich,
der Ton ist wirklich königlich!
Brauch keinen Hofstaat, keinen Thron –
Ich hab ein Instrument,
das spielt den wundervollsten Ton.

Und wenn der Abend kommt, kein Scherz,
drück ich mein Instrument ans Herz,
streich sanft darüber nur und schon
weiß ich: Du bist mein Instrument,
das mit dem wundervollsten Ton.

Sehnsucht

Schließ' ich meine Augen, so sehe ich die Deinen.
Atme ich, dann möcht' ich meinen,
es sei nicht nur profane Luft,
nein, Dein wundervoller Duft.

Wenn kalt ein neuer Morgen graut,
packt mich die Sucht nach Deiner Haut
und jede Blüte hier im Rund
erinnert mich an Deinen Mund.

Ich fühl' mich Dir so tief vertraut,
ich eile, daß ein Nest gebaut,
worin, abseits von jedem Laut,
die Entfernungskälte taut…

Silvia

Ich seh' die Welt mit neuem Blick
seitdem Dein Lachen mir vertraut.
Ich lebe vollends nur im Glück,
seitdem mein Herz Du aufgetaut.

Was nutzt der Blick auf alte Zeit,
wenn man doch so gern vorwärts will?
Ich weiß, ich bin für Dich bereit –
wenn ich Dich seh', steht alles still.

„Die schöne Anna", Linolschnitt, ca. DIN A5

Magischer Kreislauf

Seltsam unstet sind die Feen,
die Herzen zart wie Sommerluft,
immer find ich sie so schön -
und immer bleibt mir nur ihr Duft.

Seltsam vage, meine Elfen,
schön und wie gemacht aus Licht,
will der ganzen Welt stets helfen,
nur bei mir selbst kann ich das nicht.

Immer stehe ich am Steuer,
nehm' meinen Kurs zur Loreley,
weil deren Lied ist mir so teuer -
die Reise ist zu schnell vorbei.

Dann seh ich meine Segel kippen,
krachend bricht der stärkste Mast
und anstatt auf ihren Lippen
hab ich die meinen im Morast.

Doch niemals seht ihr mich wanken,
stets baue ich ein neues Schiff.
Ich stehe fest auf seinen Planken -
und nehme wieder Kurs aufs Riff...

Metamorphose

Jahr um Jahr fällt ein Stück Hülle
von Deinem warmen, weichen Kern.
Weil ich mit Dir mein Leben fülle,
hab' ich Dich so unglaublich gern.

Tag um Tag die Zeit ich zähle,
fast schon ist der Tag heran,
da ich Dich nackt bis auf die Seele
endlich vor mir sehen kann.

Dann, ja dann zähl' ich Sekunden,
kostbar rinnt die Zeit dahin,
weil ich ganz und gar gebunden
in Deinem Licht gefangen bin.

Morgenruhe

Morgens ist der Tag am besten,
Morgens geht die Sonne auf.
Wolken ziehen ab im Westen,
vom Osten kommt der Sonnenlauf.

Heiß dampft Kaffee in meiner Tasse,
ich schau' dem Tag beim Werden zu.
Ja, diese Stunde find' ich klasse,
die Stunde meiner Morgenruh'.

Mag diese Stunde niemals missen,
es ist die Stunde nur für mich.
Ich schau verträumt aus meinen Kissen
und erwärm' mich innerlich.

Frisch ans Werk nun, aus den Federn!
Noch ist dieser Tag so jung!
Nach dieser Stunde gibt's kein Zetern,
nur fröhliche Genugtuung.

Nach der Nachtschicht

Das Tagwerk ist vollbracht,
der Morgen hat begonnen.
So ist die lange Arbeitsnacht
fast wie im Flug verronnen.

Aus müden Augen schaue ich,
die Landschaft fliegt vorüber.
Der Morgensonne trau ich nicht,
ich reck die müden Glieder.

Jetzt nur nicht schlafen, nicht mal ruh'n -
heiß dampft mein Kaffee in der Tasse -
hab mit dem Wachsein schwer zu tun,
nicht die Station verpassen!

Nach Haus zur Liebsten zieht es mich,
dort darf ich sanft entschlummern.
Denn dort fühl ich mich königlich
und frei vom Arbeitskummer.

So lang die Sonne scheint

Ein Blick von Dir läßt mich erstarren,
läßt mich ganz in Dir verharren,
und jede Faser meines Seins
ist dann weltentief nur Dein.

Die Zeit der Jahre, die mir bleiben,
will ich komplett mit Dir vertreiben.
Schenk mir Dein Lächeln jeden Tag,
weil ich Dich so mag.

Schenk mir ein Stück von Deinem Leben,
ich weiß, es kann nichts besseres geben,
als Dich und mich zu zweit vereint -
solang für uns die Sonne scheint.

Nur Du

Was ist das für ein seltsam' Ding,
das mich so glücklich macht?
Das mich, sobald ich Dich umfing,
zum Königtum gebracht?

Zwei Seelen, schreibt der eine,
wohnen ach, in seiner Brust -
seh' ich tief in die meine,
erkenn' ich pure Lust.

Das Leben trifft mich im Moment
grad wie ein Sommerbad im Meer -
und der, der dies' Gefühl wohl kennt,
der gibt es nicht mehr her!

Den Einen zieht's hinaus ins Blaue,
zieht's wohl zum Himmel hin -
brauch' Deine Augen nur zu schauen,
dann kenn' ich meinen Sinn.

Siegfried und ich

Kennst Du sie noch, die alte Mär,
von Gunther und von Giselher,
von Siegfried und den Nibelungen,
die von den Alten oft besungen?

So wie der Siegfried sah ich sie,
so stolz und wunderschön wie nie
quer durch den Saal, sie war die Beste
auf fröhlich-lautem Wiegenfeste.

Ich liebe sie, die stolze Frau,
noch heut' wie zu Beginn genau,
für ihrer Liebe Unterpfand
setz ich die halbe Welt in Brand.

Für sie will ich die Lanze brechen,
mit Federkielen um mich stechen,
will kämpfen wohl mit Schwert und Laute,
nur für ihr Lächeln, das vertraute!

Für sie und mich ging ich nun fort,
such' meinen Nibelungenhort,
zu schenken der, die mir so hold,
mit Freuden alles Weltengold.

Fänd' ich statt Goldes doch nur Steine,
sie hat versprochen, sie ist meine,
ist auf den Reichtum nicht mal aus,
wohnt mit mir auch im kleinen Haus.

Ich hoffe nur, es kommt kein Hagen,
um mich von hinten zu erschlagen,
derweil ich mich in trauter Freud'
an kühler Quelle niederbeug'.

Nichts würd' mich tiefer wohl entsetzen
als mir die Stelle zu zerfetzen,
die, nur der Holden wohl benannt,
vom Drachenblut noch nichts gekannt.

Beim Siegfried war's ein Lindenblatt,
das ihn verwundbar hat gemacht.
Für mich wär's wohl der größte Schmerz,
träf' sie mich einfach nur ins Herz.

Minne

Freudig sing' ich meine Minne
in die sternenklare Nacht,
stets hab ich in diesem Sinne
heimlich über Dich gewacht.

Komm nur, komm, mein holdes Wesen,
reich mir Deine zarte Hand.
Zwischen all den Hexenbesen
strahlst Du weit ins Wunderland.

Und bist Du meiner Minne hold,
dann will ich feiern, dingeling,
denn schon seit Jahren such ich Gold
für Deines Fingers Zauberring.

„Die Ode an das Weib", Linolschnitt, ca. DIN A5

Sturmwind

Wenn die Küste fern und düster
und Du Dich einsam glaubst an Deck,
hab keine Furcht vor wilden Biestern,
ich bin bei Dir, stark und keck.

Für Dich werd ich die Flagge hissen
und lach' dem Sturm ins Angesicht,
werd' alle Zweifel von Dir küssen,
und führ' uns sicher durch die Gischt.

Auf nun, auf zu neuen Ufern!
Furcht ist nicht des Lebens Sinn.
So zeigen wir den Unkenrufern,
daß wir Zwei wirklich Eins nun sind.

Manchmal

Manchmal bin ich rastlos,
brauch' meine kleine Welt.
Dann ziehe ich als Gast los
bis daß der Groschen fällt.

Manchmal bin ich wie festgeklebt
an Kreativ-Ideen.
Dann zeigst Du mir, wie schön man lebt,
nach dem Kuß der Feen.

Manchmal tropft es mir ins Herz
ganz ohne jeden Grund.
Dann linderst Du den wilden Schmerz
mit Deinem süßen Mund.

Manchmal schlag' ich die Augen auf
und könnt' die Welt umarmen!
Dann weiß ich, alles ist im Lauf
und ich in Deinem Herz, dem warmen!

Seemann

Geh mir zur Hand
am Steuer.
Bring mich wieder
in den Wind.

Führe mich
durch die Brandung
und berechne den Weg,
den ich fahre.

Sei mir
Leitstern und Gallionsfigur,
doch schlage niemals
ein Loch ins Beiboot.

Morgengrau

Wenn ich im Morgengrau erwache,
fühl' ich mich müde und kaputt.
Dann sehe ich Dich an und lache
und mir geht's plötzlich gut.

So wird der Morgen mir zu Gold,
ich lächle manche Strecke.
Seitdem ich weiß, Du bist mir hold,
wird Hektisches zur Schnecke.

Ich habe endlos Kraft in mir,
ich möcht' umarmen diese Welt,
Du ruhst ganz tief im Herzen mir -
und das ist es, was zählt.

Meine Königin

Mit welchem Recht hat über Nacht
der Grinser Dich zu Holz gemacht?
Du läßt Dich biegen bis zum Bruch -
ist das nicht langsam weit genug?

Oh, wie es mir das Herz zerreißt,
wenn Du Dir auf die Lippen beißt
statt rauszuschreien, was Dich stört,
aus Angst, daß er nichts hört!

Du bist ein Tempel, meine Sonne,
gemacht für Harmonie und Wonne.
Er sieht das nicht, das ist so dumm,
und trampelt Dir im Herzen rum.

Wo ist Dein Stolz, Dein kühner Blick?
Glaubst Du, es gäbe kein Zurück
zu jener wunderbaren Zeit
als Du noch für die Welt bereit?

Hebe den Blick, mein Herz, und dann
verlasse diesen Pfad, den man
nur geht, wenn gar nichts mehr von Wert,
und alle Träume abgeklärt.

Noch bist Du jung und wunderschön,
Du brauchst nichts weiter tun als geh'n -
es schlummert lange schon in Dir
das Bißchen Mut dafür.

Dann kehrt auf einmal Stück für Stück
Dein hübsches Lächeln auch zurück,
und wieder sieht man diese Frau,
so schön und klar wie Morgentau.

Dann mußt aufs Glück Du nicht mehr warten,
voll Rosen ist ein jeder Garten
und steht Dir noch danach der Sinn,
dann sei mir meine Königin.

Später

Es eilt die Zeit mit Riesenschritten,
fast grinst mich schon das Alter an.
Noch kann ich Berge wohl verrücken,
noch kann ich zeigen, was ich kann.

Wenn ich einst, in ein paar Jahren,
merklich kürzer treten muß,
wenn ich nicht reich, doch arm an Haaren,
hoffe ich auf Deinen Kuß.

Dann hoff' ich, daß das Unterpfand
der Liebe, die uns jetzt verbindet,
als immerwährend gold'nes Band
selbst im Verblühen Schönes kündet.

Dann seh' ich an Dir rote Lippen,
selbst wenn die Deinen längst verblaßt
und spüre täglich mit Entzücken,
wie neue Liebe mich erfaßt.

Träumerei

Schließt auch Du manchmal die Augen
und träumst Dir eine Welt?
Wenn Träume auch nichts taugen,
ich träum, was mir gefällt.

Dann liege ich im warmen Sand
und schau aufs Meer hinaus
in einem fernen, fernen Land,
mal mir mein Leben aus.

Deinen Herzschlag kann ich hören
und ich atme Deinen Duft,
meine Liebe werd ich schwören
in lauer Sommerluft.

Und sehe ich dann weiße Segel
und schmecke Salz im Mund,
dann seh' ich Dich und Kind und Kegel,
brauch nur das Erdenrund.

Das Erdenrund, das brauch ich wohl,
so wie das ich und wir,
und find'st Du Träume schön, nicht hohl,
dann träume doch mit mir.

Morgenstern

Wenn ich des nachts die Augen schließe,
erfaßt mich diese tiefe Lust.
Daß ich das Leben voll genieße,
füll' ich mit Deinem Hauch die Brust.

Ganz vorbehaltlos will ich treiben
in unserem Fluß aus Harmonie,
ich kann dies' Fühlen kaum beschreiben,
so alt und neu und schön wie nie.

Aus allen Wunden, allen Scherben,
wächst eine wundervolle Welt.
Ich geh' in Deinen Armen sterben
und werd' geboren, neu gestählt.

Hab Dank dafür, Du süße Kleine,
mein wunderschöner Morgenstern!
Das ist, was ich mit Leben meine
und dafür hab' ich Dich so gern.

„Adri beim Bade", Linolschnitt, ca. DIN A5

Meine Kleine

Ich hab eine Kleine, die steht zu mir,
ist stets für mich da, muß nie auf sie warten.
Sie ist mir viel näher als alle hier –
sie ist meine schönste Rose im Garten.

Und wenn mir der Kopf platzt vom Schwarz und vom Weiß,
so hadert sie nicht, bringt mir meine Farben.
Sie macht mir die eisige Welt so heiß
und ich seh' wieder Sonne und goldene Garben.

Und bin ich auch laut und nicht gerade fein,
sie hält mich am Band, das kein anderer sieht.
Und flöß' ich mir Halbe auf Halbe ein,
weiß sie doch, wie heiß meine Liebe glüht.

Und ist meine Meinung auch viel zu weit vorn,
und ich streit' mit dem Leben bis aufs Messer,
dann küßt sie mir fort all den bösen Zorn,
dann atme ich tief und die Luft wird besser.

Ich halte sie fest, denn sie ist das Yang
zu meinem Ying, das zu viel Kraft hat für Einen.
An ihrer Seite ist mir vor nichts bang',
so soll uns das Leben für immer vereinen.

Nur für Dich

Was soll die Wiese mich interessieren,
mit bunten Blumen im Frühlingshain?
Nur die Rose will ich küren,
Nur die Schönste will ich frei'n.

Laß mich Deine Nähe spüren,
schenk mir Dein Lächeln Tag um Tag.
Du sollst mein Herz mit Deinem führen,
weil ich Dich so mag.

Schneeflocken

Siehst Du diesen Reigen,
den ersten dieses Jahr?
Der Himmel voller Geigen -
sie tanzen wunderbar!

Schau, wie sie sich drehen,
so federleicht im Wind,
so schwerelos verwehen,
ich freu mich wie ein Kind.

Gleich mir sind sie gefangen
im Kreislauf dieser Welt,
aus Wasser aufgegangen
wie Blumen – ungezählt.

Ich steh auf dem Balkon
mit Kaffee in der Hand,
sie spinnen den Kokon
aus Watte um das Land.

Was kümmert mich die Kühle
des Winters über Nacht -
fühl mit mir, was ich fühle,
bei dieser weißen Pracht.

Tage wie dieser

Tage wie dieser, so schauerlich grau,
nichts zu sehen vom Himmelsblau,
Tage wie dieser machen mich denken
als hätt ich nie wieder Lachen zu schenken.

Tage wie dieser, die Sonne verborgen,
Gedanken im Kreis um nichtige Sorgen,
Tage wie dieser saugen mich ein
und spucken mich aus so häßlich und klein.

Tage wie dieser, so kalt und naß,
kürzen mich böse aufs seelische Maß,
reißen die rosa Brille herunter
und stoßen mich tief ins Ich hinunter.

Tage wie diesen hat niemand verdient,
wo aus jeder Ecke ein Dämon grient,
wo man wegläuft vor sich und doch nicht erwacht
und der Alp auf mir lastet mit schrecklicher Macht.

Tage wie dieser machen mich wanken,
verstellen alle Wege mit doppelten Schranken,
ich suche Dein Lächeln in dieser Welt,
das mir die Tage wie diesen erhellt.

Tiefes Wasser

Feenaugen mandelgleich
schicken mich ins Nebelreich.

Alles, was die Alten sangen,
ist an dem Lächeln aufgehangen,
das so tief im Herz mich trifft
als wär' es Nerthus eig'ner Griff.

Alles würd' ich stets ihr geben,
mein Leben ist ein kleiner Span,
der auf dem langen Fluß des Lebens
stetig ihr entgegenrann.

Langsam drifte ich ans Meer,
die Feenaugen werden blasser
und ich spüre um mich her
nur noch tiefes Wasser.

Triebkraft

Wer für Geld oder für Ruhm,
ständig strebt, umherzutun,
stets lautstark gackert wie ein Huhn,
wird niemals friedlich in sich ruh'n.

Hab keinen Ruhm und auch kein Geld,
Nichts und Alles ist, was zählt,
kein Schatten mir den Tag vergällt,
fröhlich blick ich in die Welt.

Ich leb', wie 's scheint, nur für den Trieb,
ein Leben lang Dein Herzensdieb,
ich hab Dich ach so innig lieb
als wenn mir nur ein Tag noch blieb.

Brauch immer nur den nächsten Kuß,
grad wie der Junkie seinen Schuß,
will Deine Lieb' im Überfluß,
weil stets ich an Dich denken muß.

Verbiege mich nicht

Nein, ich bin nicht fehlerlos
und will's auch gar nicht sein.
Doch bin im Herzen ich ganz groß
und garantiert kein Schwein.

Ich mag Kompromisse nicht
und mag auch keine Lügen,
sag' meine Meinung ins Gesicht
und lass' mich nicht verbiegen.

Ich senk' den Blick vor keinem Herrn
und beuge nicht die Knie,
geh' aufrecht durch das Leben gern
und streit' mit Phantasie.

Bin nicht gemacht für Spielerei,
für Druck durch Emotion.
An sowas geh' ich schnell vorbei,
begegne ihm mit Hohn.

Ich bin bereit, zu nehmen
den Partner wie er ist,
doch laß' ich mich nicht lähmen
nur weil er so gut küßt.

Wenn Du mich willst, so nimm mich,
doch nimm mich, wie ich bin.
Dann bin ich vollends sinnlich
und gebe mich Dir hin.

Wochenende

Den ganzen Tag im Kissen wühlen,
Dich dicht an meiner Seite fühlen
und in der Einraumwohnungs-Luft
schwebt Dein wundervoller Duft!

Wir brauchen keine Partyzeit,
den Anzug nicht und nicht Dein Kleid,
wir brauchen schlicht und einfach nur
uns zwei – und das am besten pur.

Wenn ich dann Deine Augen seh',
in Deinen Armen sterben geh',
dann weiß ich, was es heißt, zu leben -
es sollt' nur Wochenenden geben!

Zu Haus'

Sieh' nur meine breite Brust!
Faßt, daß es sie mir sprenge.
Sieh', ich trag' die Lebenslust
wie kostbarstes Gepränge!

Ich sah zwei Augen sternengleich
und einen samt'nen Mund.
Nun fühl' ich mich unendlich reich
und tu' es allen kund.

So wie die allergrößte Glocke
so schlägt mein Herz für sie.
Als wenn auf einen Schlag entlocke
sie mir all' gute Energie.

Ich fühl' mich ganz und gar verwandelt.
Das Leben wird nie mehr verneint,
seit wir auf's Neue sind verbandelt,
seitdem wir endlich neu vereint.

Ich gehe neue alte Wege,
doch seh' ich Blumen rings am Rand.
Ich weiß, wenn ich es recht erwäge,
bin erstmals ich zu Haus' im Land.

„Portrait", Linolschnitt, ca. DIN A6

Was bin ich?

Nichts bin ich und doch alles.
Unersättlich bin ich.
Unstillbar ist meine Gier nach Leben.
Und immer stehe ich mir selbst im Weg.

Hoffnungslos romantisch bin ich
und das Enfant Terrible zugleich,
das zerstört,
was es selbst so gern erschafft.

Wo bleibt Fausts Pudel, jeden Handel will ich schließen
für des Gretchens zarte Hand.

Liebe mich, mein Herz, alles in mir schreit Deinen Namen
und Deine Küsse machen mein Blut zu flüssigem Gold.

Wiedersehen

Wieder sah ich ihre Augen,
braun und schön und wunderbar.
Von den Zweifeln, die nichts taugen,
waren keinerlei mehr da.

So als wäre nichts gewesen,
umfing ihr Haar wohl meinen Hals.
Von all den wunderschönen Wesen
ist sie die Schönste allenfalls.

Nun ist's an mir wohl, ihr zu zeigen,
daß ich ihrer Liebe wert
und für den schönsten aller Reigen
schwinge Feder ich und Schwert.

Wieder Frühling

Frühling trägt mit goldenen Schwingen
mir mein Herz zum Himmelsblau,
Vögel höre laut ich singen,
vergessen ist das Wintergrau.

Herrlich warm ist schon die Sonne,
endlich hat sie wieder Kraft
und ich spüre voller Wonne,
wie sie mir pure Freude schafft.

Alles in mir ist voller Lieder,
ich sing' sie in den Sonnenschein
und ich merke immer wieder:
so schön kann nur der Frühling sein.

Wochenend-Dienst

Draußen strahlt die Sonne,
der pralle Frühling ruft.
Ich träume voller Wonne
von Deinem süßen Duft.

Ach, könnt' ich hier entfliehen,
von der Maschine weg,
ich würde zu Dir ziehen,
ich wär' schon auf dem Weg.

Adlergleich breit' ich die Schwingen
und flög' sofort zu Dir!
Ich kann es nicht erzwingen,
ich brauch' die Arbeit hier.

Zähl' von Sekunden auf die Tage
bis zur Stunde voller Sinn
und erhebe stumme Klage,
weil tiefst ich Dir verfallen bin.

Wie weit würdest Du geh'n?

Einst fragte mich ein Mädchen
Wie weit würdest Du geh'n?
Ich lief mit ihr durchs Städtchen
und fand sie wunderschön.

Ich mag die dunklen Ecken,
ich mag's auch hell und warm.
Ich muß mich nicht verstecken
für and'rer Leute Scham.

Bin wie ein Vögelchen so frei
und bin ein bunter Hund,
ich hör' nicht auf Geschrei
aus fremder Leute Mund.

Manchmal bin ich auch leise,
dann geht's mir richtig gut.
Dann schöpf' ich auf die Weise
aus Deinen Augen Mut.

Dann brauch' ich nur Dein Lachen
und Himmel über mir,
will tausend Sachen machen,
wenn zwei Ich sagen Wir.

Winterkälte

Langsam wird es wieder Winter,
das Laub ist von den Bäumen fort,
Weihnachtslieder proben die Kinder,
Kälte legt sich übern Ort.

Die Sonne hat die Kraft verloren,
jeder Tag ist endlos grau,
Eiswind zwickt mir an den Ohren,
meine Hände werden blau.

Heimwärts, heimwärts nun, nach Hause,
Tee lockt auf der Ofenbank,
Dunkelheit erzwingt nun Pause,
Einsamkeit macht seelenkrank.

Wie sehn ich mich nach meinem Schätzchen,
nach Kuscheln in nem warmen Bett,
nach Kaffee und nach Weihnachtsplätzchen,
dann wäre selbst der Winter nett.

Wintermorgen

Morgen ist und Gestern war,
Kaffeeduft so wunderbar,
schmeck' auf den Lippen Deinen Kuß,
schau auf die Stadt aus Zuckerguß.

Ich räum' das Bettzeug weg und find'
Dein Hemdchen, klein wie von 'nem Kind,
Dein herrlicher Lavendelduft
schwebt leicht noch in der Zimmerluft.

Ach, wärst Du noch in diesem warmen
Bett ganz fest in meinen Armen!
Ich würde Sonstwas dafür tun,
ein Stündchen noch mit Dir zu ruh'n.

Am Horizont ein Streifen Licht
verleiht dem neuen Tag Gewicht,
daß auch mein Tagewerk beginne
zum finanziellen Zugewinne.

Zweisamkeit

Mandelaugen wunderschön,
glänzend wie zwei dunkle Seen,
barfuß nachts spazierengehn,
träumend hier am Ufer stehn.

Sorglos frei in meinen Räumen
tief in Deinen Armen träumen,
könnt' vor lauter Glück fast weinen,
Frühling! pfeift es von den Bäumen.

Sanft und weich wie Samt Dein Mund,
wir küssen uns die Lippen wund,
vergoldet scheint das Erdenrund,
meine Farben prachtvoll bunt.

Tiefes Fühlen macht sich breit,
niemals enden soll die Zeit,
wenn in Sanftmut wir vereint,
hier in stiller Zweisamkeit…

Sommerharmonie

Guten Morgen, meine Liebste,
längst schon ist der Tag erwacht.
Riechst Du die nahe Sommerwiese?
Sie strahlt in voller Blütenpracht!

Auf nun, auf, mein schönes Kind!
Horch, wie dieser Sommer ruft.
Sieh, ich bringe Dir geschwind
Deinen Riesenbecher Kaffeeduft.

Komm, ich wühl' Dich aus den Kissen,
vertreib' den letzten Schatten Nacht,
denn ich möchte Dich nicht missen,
wenn rings um uns die Welt erwacht.

So sollte jeder Tag beginnen,
so voll und reich und schön wie nie!
Ich weiß, ich möcht' ihr nie entrinnen,
unserer Sommerharmonie.

„Lydias Gewissensbisse", Linolschnitt, ca. DIN A6

Zweite Liebe

Formen des Himmels,
dunkler Teint.
Wasserstoffblonde Krone,
Wasserperlen auf der kühlen Haut.

Erguß der kalten Zunge
in meinem Mund.
Spiel des Lichts
in Deinem Inneren.

Zweite Liebe meines Herzens,
Trennung wäre grausamer Verlust.
Ach Du, mein herrliches,
erfrischendes Schwarzbier!

:-)

Im Buchhandel und bei Amazon.de:

Format 12x19cm, 52 Seiten
Verlag Books On Demand GmbH
(www.bod.de)

ISBN: 9783842376731

Im Buchhandel und bei Amazon.de:

Hendrik Krause entführt uns in die Welt der TV-Nachrichten aus 2011 - mit spitzer Feder und schwarzem Humor.
Als Schriftsetzer, Multimedia-Fachmann, Graphiker und Autor hat er das Ohr am Zeitgeschehen und schaut den Nachrichtensprechern genau auf den Mund. Abseits gängiger Konventionen legt er den Finger in die Wunden unserer Gesellschaft...

Format 21x21cm, 40 Seiten
Verlag Books On Demand GmbH
(www.bod.de)

ISBN: 9783842382633